AF500589

DÉCADENCE
ET CHUTE
DU SYSTÊME DE FINANCES
DE L'ANGLETERRE;

PAR TH. PAINE,

Auteur du Sens-Commun, des Droits de l'Homme, du Siècle de la Raison, etc.

Traduit de l'anglais par F. LANTHENAS, Membre du Conseil des Cinq Cents.

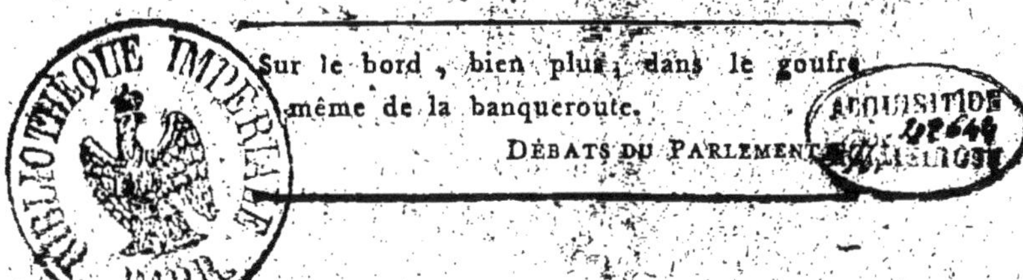

Sur le bord, bien plus, dans le goufre même de la banqueroute.

DÉBATS DU PARLEMENT.

A PARIS,

De l'Imprimerie du CERCLE-SOCIAL, rue du Théâtre-Français, n°. 4.

On trouve, au bureau du CERCLE SOCIAL, *les ouvrages suivans :*

La Théorie des Droits de l'homme, par Th. Paine.

Le Sens commun, par le même.

Le Siècle de la Raison, 1re et 2e partie, par le même.

Decline and fall of the English system of finance by Thom. Paine.

Auger (Œuvres posthumes d') contenant la Constitution des Romains et les discours de Cicéron, 10 vol. *in*-8°., avec les portraits d'Auger et de Cicéron.

Fictions morales, par Mercier, 3 vol. *in*-8°.

Chronique du mois, *ou* les Cahiers patriotiques des Amis de la Vérité, 6 vol. *in*-8°., avec les portraits de Condorcet, Clavière, Fauchet, Thomas Paine, Horne-Tooke, Auger, Brissot, Danton, Ankastrom, Roland, Kersaint, Mercier, Custines, Cérutti, Pelletier, Dumourier, Beauharnois, Gensonné, Kellermann, premières épreuves.

L'Esprit des Religions, par N. Bonneville, nouvelle édition, 2 vol. *in*-8°.

Les Ecoles Normales, 7 vol. *in*-8°.

Collection des Écrits donnés à la Convention par F. Lanthenas, 2 vol. 8°.

Les Soirées du Père de Famille, 1 vol. in-8°.

Les Poésies de N. Bonneville, 1 vol. 8°.

Exposition du Système du Monde, par P. Simon Laplace, du Bureau des Longitudes, etc. 2 vol. 8°.

LE TRADUCTEUR

A SES CONCITOYENS.

DEPUIS assez long-tems, le gouvernement actuel de l'Angleterre en a imposé par un systême de finance, qui doit à la fin s'écrouler.

L'esprit de parti qui a intéressé toute l'aristocratie de l'Europe contre nous, dans la guerre que ce gouvernement orgueilleux nous a suscitée, soutient encore cet édifice chancelant; mais les appuis qu'un fanatisme d'opinions et de craintes exagérées lui ont prêté, ne feront que précipiter sa chûte avec plus de fracas.

Déjà toutes les classes de citoyens en Angleterre voyent l'abîme prêt à engloutir leur fortune: la banque est aux abois; et le monde commerçant s'empresse de retirer ses capitaux d'un pays menacé d'une subversion inévitable.

Le tems est venu où les Français doivent s'estimer ce qu'ils valent. Leur constitution actuelle et les ressources de la république offrent aux capitalistes timides les garanties les plus sûres.

La France, près de jouir du fruit de ses victoires, appelle les développemens de l'industrie; elle a aujourd'hui les premiers droits à la confiance, et n'a plus besoin que d'organiser les institutions nécessaires pour la fixer.

Parmi ces institutions, celle d'une BANQUE tient le premier ordre. Si les propositions qui ont été faites sur cet objet n'ont pas réussi, c'est que l'on a, dans le nouveau régime, voulu enter cet établissement sur un autre qui avait appartenu à l'ancien, et que l'on n'a point su y introduire ce qu'il fallait pour le rendre populaire.

Qu'on se hâte donc de reprendre ce projet sur de nouveaux principes; que les citoyens opulens le réalisent d'une manière vraiment digne de la liberté; qu'ils s'empressent d'acquérir ainsi des droits à la reconnaissance du peuple; qu'ils se lancent avec confiance, et qu'ils ne craignent pas de se montrer riches, s'ils se montrent en même-tems Républicains.

L'écrit dont je leur offre la lecture, éveillera sans doute en eux une juste défiance sur tous les placemens qu'ils peuvent avoir faits de leur fortune dans l'étranger. Beaucoup d'entr'eux peut-être ont eu l'aveuglement de l'envoyer en Angleterre, au commencement de la revolution, et même depuis : mais quelque part qu'ils l'ayent placée, quand ils connaîtront bien l'état boursoufflé du crédit de l'Angleterre, sa part dans toutes les transactions des places de change de l'Europe doit les faire trembler.

Qu'ils rappellent donc promptement leurs richesses dans leur patrie, où, depuis six mois au moins, ils auraient dû les avoir fait rentrer ; qu'ils se hâtent même, s'ils veulent cueillir leur part de gloire dans la défense du gouvernement républicain, et s'ils veulent éviter la punition qu'autrement la providence toujours juste, et la nature des choses réservent évidemment à leur timidité.

La révolution des Etats-Unis de l'Amérique et la nôtre ont montré que l'homme de génie, capable d'avancer l'esprit public des tems où il vit, obtient quelquefois, avec quelques feuilles d'impression, des victoires plus décisives que celles d'aucun général.

Telle paraît être la destinée de ce dernier écrit de Th. Paine, accoutumé, comme on sait, aux plus grands succès révolutionnaires.

Th. Paine, à qui des patriotes égarés par de perfides *Sinon*, les agens des rois, ont fait plus de mal que ceux-ci ne pouvaient jamais lui en faire, directement ; Th. Paine qui a souffert plus d'un an d'incarcération, subi une cruelle maladie et contracté, au Luxembourg, une infirmité qui menace ses jours ; Th. Paine qui n'est même sorti de cette affreuse prison que trois mois après le 9 Thermidor, et que les agens de Pitt eussent probablement fait périr sur l'échaffaud, sans cette journée ; Th. Paine *pardonne et oublie* TOUT *pour l'amour* DE LA LIBERTÉ : il n'a pas élevé un seul reproche : il excuse l'égarement des patriotes qui ont été ses persécuteurs : il ne voit que les complices des rois qui les ont égarés ; et toujours malade, il ne travaille encore qu'à combattre les ennemis des droits de l'homme et de ceux des peuples.

Puissent tous les Français imiter enfin cette magnanimité, et remplir les plus glorieuses destinées qui aient encore été données sur la terre à aucune nation !

F. LANTHENAS.

L'AUTEUR.

AU PEUPLE FRANÇAIS.

JE vous offre un petit ouvrage sur la Décadence et la chûte du systême de finance de l'Angleterre, *dans lequel j'ai expliqué et mis au grand jour les finances de votre principal ennemi, le gouvernement anglais. Si j'ai quelque talent pour juger des circonstances, et par elles, des évènemens probables, ce gouvernement machiavélique est près de sa fin.*

Comme les finances de la France ne reposent pas sur cette bâse imaginaire qu'on appelle crédit, *et qui supporte seule celles de l'Angleterre; comme elles ont une hypothèque réelle et solide dans les domaines nationaux, représentés par les mandats, j'ai regardé comme inutile, ici, d'en rien dire.*

Ce n'est pas sur un papier, comme monnoie, *mais sur un papier, comme* la représentation de la propriété nationale existante, *que la France se confie. Cette propriété augmentera tous les jours en valeur, aussitôt après la paix, qui ne peut être éloignée, si votre gouvernement soutient son énergie ; et ce serait faire tort à la République, que d'en précipiter la vente. Les Etats-Unis de l'Amérique ont beaucoup perdu pour avoir trop hâté celle de leurs domaines. Les terres qu'on y a vendues pendant la guerre, ont été revendues par les premiers acheteurs à vingt fois le prix qu'elles avaient d'abord coûté.*

La France a maintenant la perspective du succès le plus complet. De huit ennemis qu'elle eut d'abord à combattre, à peine en reste-t-il deux, l'Autriche *et* l'Angleterre. *L'Autriche a reçu des subsides de l'Angleterre jusqu'à ce que l'Angleterre ait été épuisée, et maintenant celle-ci va émettre un papier-monnaie, pour l'hypothèque duquel elle n'a pas de biens nationaux : l'ouvrage qui suit vous fera connaître l'état d'insolvabilité de son gouvernement.*

7 Floréal, an IV.

THOMAS PAINE.

THOMAS PAINE, au conseil des Cinq Cents, et à celui des Deux Cents Cinquante.

CITOYENS,

Je vous présente un petit ouvrage intitulé, la Décadence et la Chûte du système de finance d'Angleterre, *dans lequel j'ai expliqué et mis au grand jour les finances de votre principal ennemi, le gouvernement Anglais. Si j'ai quelque talent pour juger des circonstances, et par elles, des événemens probables, ce gouvernement machiavélique est près de sa fin.*

Les circonstances dans lesquelles il est à ce moment, sont aussi curieuses que critiques; et elles diffèrent entièrement de celles où il a jamais pu se trouver. Deux ennemis intérieurs et formidables, qui ne se sont montrés durant aucune guerre précédente, le pressent aujourd'hui de toutes parts. L'un est le grand et progressif changement de l'opinion, qui se répand dans toute l'Angleterre, à l'égard du système héréditaire du gouvernement; et ce système est bien plus tombé dans l'opinion du peuple de ce pays, depuis quatre ans, qu'il n'était tombé en France, durant les quatre années qui précédèrent la révolution fran-

çaise. L'autre est la découverte faite enfin par le public, que le système de finance par emprunts ou à rente, à intérêts constitués (funding-system) *, la seule ressource du gouvernement Anglais pour trouver les secours d'argent dont il a sans cesse besoin, n'est autre chose qu'une fraude* GOUVERNEMENTALE.

Dans les guerres précédentes, le gouvernement d'Angleterre était soutenu par la superstition du pays pour une chose qui n'a d'existence que le nom, qu'il appelle constitution, *et par sa crédulité dans son système de finance. C'est de ces deux erreurs populaires qu'il tira toute sa force, et maintenant qu'elles se dissipent, ses ressources sont taries. Quand le gouvernement Anglais, ce monstre, produit par l'aveuglement national et l'oppression maritime, sera renversé, le monde sera délivré d'un ennemi commun, et les deux nations, la France et l'Angleterre, peuvent compter sur une fraternité réciproque, et sur une paix durable.*

THOMAS PAINE.

THOMAS PAINE, to the Council of five Hundred and to the Council of Ancients (*).

CITIZENS,

I present you with a small work intitled *the Decline and Fall of the english system of finance*, in which I have explained and exposed the finances of your principal enemy, the government of England. If I have any capacity in judging of circumstances, and from thence of probable events, the fall of that government is very nearly at hand.

The condition in which the government of England finds itself at this moment, is curious and critical, and different to any thing it ever experienced before. It is now pressed by two internal and formidable opponents that never appeared during any former war. The one is, the great and

---

(*) Pour donner aux journalistes la facilité d'insérer dans leurs feuilles qui circulent dans l'étranger et peuvent aller en Angleterre, la lettre originale de Thomas Paine au Corps Législatif de France, l'on a cru devoir l'insérer ici.

progressive change of opinion that is spreading itself throughout England with respect to the hereditarys ystem of government. — That system has fallen more in the opinion of the people of that country within the last four years, than it fell in France during the last four years preceding the french revolution. The other is, that the funding-system of finance, on which the government of England depends for pecuniary aid, is now explaining itself to be no other than a governmental fraud.

Jn former wars the government of England was supported by the superstition of the country with respect to a nominal non-existing thing which it called a *constitution*; and by the credulity of the country as to the funding-system of finance. It was from those two popular delusions that the government of England derived all its strength, and they are now deserting her standard. When this monster of national fraud and maritime oppression, the government of England, shall be overthrown, the world will be freed from a common enemy, and the two nations may count upon fraternity and a lasting peace.

THOMAS PAINE.

DÉCADENCE

DÉCADENCE ET CHUTE
DU
SYSTÈME DE FINANCE
DE L'ANGLETERRE.

§. Ier.

Objet de l'auteur dans cette discussion.

RIEN, dit-on, n'est plus certain que la mort, et rien de plus incertain que le moment où elle arrive. Cependant il est facile de limiter le tems qu'on ne pourra franchir, et dans l'espace duquel il faudra mourir. Pour cela, il n'est pas besoin d'être doué d'aucun esprit de prophétie, ni de pressentir les événemens : il suffit d'observer les lois de l'existence humaine. De même, si un systême de finance décèle dans sa marche des signes de décadence, sa dissolution finale est certaine, et l'on peut en calculer l'époque par ses symptômes.

Ceux qui jusqu'à présent ont écrit sur le systême anglais de finance (the funding system), le systême à rentes, à intérêts constitués (1), ont été uniformément affectés de l'idée de sa chute *pour un tems ou pour un autre.* Ils n'ont pourtant donné aucun fait : ils ont avancé cette idée, comme une prédiction, ou simplement comme une opinion, convaincus que la durée perpétuelle d'un pareil systême est d'une naturelle impossibilité. C'est ainsi qu'en ont parlé le docteur Price, et Smith dans son ouvrage sur la richesse des nations. Le progrès, dit celui-ci, des énormes dettes qui surchargent à ce moment et qui dans leur cours *ruineront très-probablement* toutes les grandes nations de l'Europe (il devait dire les *gouvernemens*), a été à peu-près uniforme. Mais cette manière générale de parler, quoiqu'elle eut pu faire quelque impression, ne portait avec elle aucune conviction.

Mon intention n'est pas de faire le prophête : mais je montrerai, par des données déjà connues, par des symptômes et des faits déjà publiquement produits, que le systême anglais de finance par emprunts, funding - systême, ne durera pas la vie de M. Pitt, en lui supposant la vie d'un homme. Je laisse aux autres de prédire combien la chûte de ce systême peut être plus prochaine.

§. II.

Systêmes de finance d'Angleterre, d'Amérique et de France.

Que les financiers diversifient, comme ils voudront, leurs systêmes de crédit, ceux-ci ne sont tous que des systêmes divers de papier-monnaie.

Nous avons deux célèbres expériences du papier-monnaie ; l'une faite en Amérique, et l'autre en France. Dans les deux, tout le capital fut émis : ce capital fut appellé *argent continental*, en Amérique ; *assignats*, en France ; et il fut entièrement jeté dans la circulation : ce qui la surchargea d'une quantité de papier si énorme et si disproportionnée à la population comme à la quantité d'objets auxquels on pouvait l'employer, que le marché en fut saturé, et la valeur s'en déprécia. Cinq à six ans suffirent à ces expériences. L'or et l'argent eussent éprouvé le même sort, si l'or et l'argent répandus dans la même abondance, étaient également retenus dans un pays, comme l'est toujours le papier-monnaie, parce qu'il ne peut avoir de circulation au-dehors : et pour raisonner sur une plus grande échelle, la même chose arriverait au monde entier, si le monde entier pouvait être rassasié d'or et d'argent, comme l'Amérique et la France l'ont été de papier (2).

Le systême de finance suivi par l'Angleterre diffère de celui d'Amérique et de France, en ce que le capital y est caché ; c'est-à-dire, qu'il n'y paraît point en circulation. Si l'on émettait en assignats ou billets le capital entier de la dette nationale d'Angleterre, qui monte actuellement à près de quatre cents millions de livres sterling (3), et si cette somme énorme était mise en circulation, à l'exemple de l'Amérique et de la France, les assignats ou billets anglais, comme il est arrivé à ceux de ces deux pays, baisseraient, se déprécieraient ; et cela d'autant mieux que leur quantité serait plus disproportionnée avec la population, qu'il n'arriva, en Amérique ni en France : une livre sterling nominale ne vaudrait pas un denier.

Mais bien qu'en cachant son capital, le systême Anglais se préserve de la soudaine destruction qui est arrivée à celui d'Amérique et de France, il s'approche néanmoins de la même destinée, et il y arrivera aussi certainement, quoique par un progrès plus lent. Toute la différence git dans le dégré de vîtesse, avec lequel chacun des deux systêmes court à sa mort : cette différence, pour parler précisément est comme vingt est à un ; c'est-à-dire que le systême anglais, celui d'emprunter sur le capital au lieu de l'émettre, a en lui même vingt fois plus de vie, que celui adopté par l'Amérique et la France : mais à la fin de cette limite, il arrivera, comme eux, au même tombeau que tous les papiers-monnaie.

La proportion que j'établis de vingt à un, n'est autre chose que la différence entre le capital et l'intérêt à 5 p%. Vingt fois l'intérêt, à ce taux, égale le capital. L'accumulation du papier-monnaie, en Angleterre, est en proportion de l'accumulation de l'intérêt à chaque emprunt : et conséquemment le progrès de la dissolution de son systême est vingt fois plus lent que si le capital était émis en circulation, immédiatement : chaque vingt ans, dans le systême Anglais, équivaut à une année dans celui de France ou d'Amérique.

Ayant ainsi déterminé de vingt à un la proportion

de la durée des deux systêmes, celui d'emprunter sur le fond, et celui d'émettre le fond sans emprunter; j'examinerai maintenant les symptômes de décadence voisins de la dissolution, que le systême Anglais a déjà donnés; et je les comparerai avec ceux semblables du systême d'Amérique et de France.

§. III.

Symptômes de décadence du systême anglais (Funding system) (1).

L'ANGLETERRE commença son systême de finance par emprunts (*the funding system*), il y a cent ans. Depuis, elle a eu six guerres à supporter, en comprenant celle qui finit en 1697 et qui compte pour la première.

1. La guerre qui finit, comme je viens de dire, en 1697.
2. La guerre qui commença en 1702.
3. La guerre qui commença en 1739.
4. La guerre qui commença en 1756.
5. La guerre d'Amérique, qui commença en 1775.
6. La guerre actuelle qui a commencé en 1793.

La dette nationale à la fin de la guerre terminée en 1697, était de 20 millions ½ sterling; aujourd'hui, elle approche de 400 millions. Si entre ces deux extrêmes de 21 millions et 400 millions sterling, lesquels embrassent les dépenses de toutes les guerres supportées dans cette période, il y a une raison progressive, qui donne le montant de la dette à la fin de chaque guerre, aussi exactement que le fait lui même, cette raison déterminera, de la même manière, le montant de la dette après les guerres futures, et fixera l'époque dans laquelle le systême par emprunt expirera par la banqueroute du gouvernement; car cette raison dont je parle, aura été établie par la nature des choses.

Jusqu'à présent on n'a point eû l'idée de l'existence ou même de la possibilité de ce moyen de résoudre un problême de cette espèce; savoir, de déterminer, sans connaissance du fait, quelle a été la dépense de quelqu'une des guerres précédentes, ou quelle sera celle d'aucune guerre à venir : et cependant ce moyen existe bien réellement par une raison progressive, que je vais démontrer.

Elle n'est point arithmétiquement progressive comme les nombres 2, 3, 4, 5, 6, 7, 8, 9; ni géométrique, comme ceux, 2, 4, 8, 16, 32, 64, 128, 256 : mais elle est dans les séries faites avec l'addition de la moitié du nombre précédent, comme 8, 12, 18, 27, 40, 90, 135 (1).

Toute personne peut voir que le second nombre 12 est produit du précédent 8 et de la moitié de 8; que le troisième nombre 18 est de même produit du nombre précédent 12 et de la moitié de 12, et ainsi du reste. Chacun peut également voir avec quelle rapidité les sommes croissent à mesure que la proportion s'élève. La différence entre les deux premiers nombres n'est que de quatre ; mais la différence entre les deux derniers est de 45 : et l'on peut de-là juger avec quelle immense rapidité la dette nationale s'est accrue et croîtra jusqu'à ce qu'elle excède le calcul ordinaire et se perde en chiffres.

J'en viens à appliquer cette proportion comme une règle pour déterminer tous les cas.

Je commence par la guerre qui finit en 1697, à laquelle commença le systême par emprunts. La dépense de cette guerre fut de 21 millions et $\frac{1}{2}$ sterling. Pour trouver la dépense de la guerre suivante, celle de 1702, j'ajoute à 21 millions $\frac{1}{2}$ la moitié de cette somme, 10 millions $\frac{3}{4}$; ce qui fait 32 millions $\frac{1}{4}$ pour la dépense de cette guerre. Ces 32 millions $\frac{1}{4}$ ajoutés à la dette précédente de 21 millions $\frac{1}{2}$ élève la dette nationale à 53 millions $\frac{3}{4}$. Or Smith dans son chapitre *des dettes publiques*, dit que la dette nationale s'éleva à cette époque à 53 millions sterling.

Je continue et je cherche la dépense de la guerre suivante, celle de 1739, en ajoutant comme dans ce cas, la moitié à la dépense de la guerre précédente. Cette dépense, je l'ai trouvée être de 32 millions sterling, négligeant les fractions ; dites 32 millions et la moitié 16 font 48 millions pour la dépense de cette guerre.

Je trouve après la dépense de la guerre de 1756. En ajoutant, selon ma règle la moitié à celle-là. Je l'ai trouvée de 48 millions ; la moitié est 24 ; ce qui fait 72 millions sterling, pour la dépense de cette guerre ; et effectivement Smith ; Chap. *des dettes publiques*) dit que la dépense de la guerre de 1756 fut de 72 millions $\frac{1}{4}$.

Venons ensuite à la guerre d'Amérique, celle de 1775 ; nous trouverons sa dépense en suivant la même règle. La dépense de la guerre précédente avait été de 72 millions, ajoutant la moitié 36, nous trouverons 108 millions sterling, pour les dépenses de cette guerre ; dans la dernière édition de son ouvrage, Smith dit que la dépense de la guerre d'Amérique *avait excédé* 100 *millions*.

Nous trouverons maintenant la dépense de la guerre actuelle, supposé qu'elle dure le même tems que celles qui ont précédé et que le systême d'emprunt ne crève pas avant sa fin. La dépense de la guerre précédente a été de 108 millions, la moitié est 54 ; $108 + 54 = 162$ millions sterling, pour cette dépense. Il paraît même qu'elle ira au-delà, si le systême se conserve. Car les emprunts de l'année dernière et de la présente, sont de 22 millions chaque, ce qui excède la proportion des emprunts faits dans les guerres précédentes. Ce ne sera point par la difficulté de se procurer des emprunts, que le systême croulera : bien au contraire ; c'est la facilité même, avec laquelle les emprunts sont remplis, qui accélère l'événement. Les emprunts sont tous des transactions de papier ; et c'est leur excès qui amène avec une vîtesse accélérée, cette dépréciation progressive du papier-monnaie constitué, qui, à la fin, dissoudra le systême par emprunts ou à rentes, à intérêts perpétuels.

Je vais donner maintenant la dépense des guerres futures ; et je ne le fais que pour montrer l'impossibilité de la durée du systême de finance par emprunts et la certitude de sa dissolution.

La dépense de la guerre qui suivra la présente, d'après la règle qui a servi à fixer au juste celle des guerres qui ont précédé sera de 243 millions ster.

Celle de la seconde	364
Celle de la troisième,	546
Celle de la quatrième,	819
Celle de la cinquième,	1228
	3200 millions ster.

qui seulement à 4 p% exigeraient une taxe de la somme nominale de 128 millions ster., pour payer l'intérêt annuel, outre l'intérêt de la dette actuelle et les dépenses du gouvernement, qui ne sont point comprises dans ce compte. Est-il un homme si fou ou si stupide de supposer que ce systême puisse durer ?

Quand j'eus la première fois l'idée de chercher

quelque proportion qui servît de règle et de mesure à tous les cas du systême à rentes perpétuelles constituées, de manière à marquer les différens degrés de son approche vers sa dissolution, je ne me flattais pas, d'en trouver une aussi satisfaisante, et qui résolût aussi exactement tous les problêmes. Ce qui me conduisit à cette idée, ce fut simplement d'observer que ce systême par emprunts était dans un état continuel de progression, et que tout ce qui était progressif, était susceptible au moins de quelque règle générale de mesure, dont l'application pouvait se faire sans erreurs considérables. Mais qui eût jamais supposé, que la chûte de systêmes, d'opinions de finance, pût être mesurée par une règle en apparence aussi vraie, que celle des corps. Je n'ai pas plus fait la proportion que suit la chûte du systême de finance de l'Angleterre, que Newton n'a fait celle de la gravitation. Je l'ai seulement découverte et expliqué la manière de l'appliquer.

Pour mettre sous un seul point de vue l'accélération rapide du systême par emprunts vers sa dissolution, et pour montrer la folie de ceux qui croyent aveuglement à sa durée ou qui donnent perfidement cette croyance aux autres, j'exposerai dans la table suivante, la dépense de chacune des six premières guerres depuis le commencement de ce systême, telle que la donne la règle proportionnelle que j'ai trouvée, et la dépense, d'aprés cette même règle, de six guerres qui suivraient.

Les six premières guerres		Les six guerres suivantes	
1....	21 millions st.	1....	243 millions st.
2....	33	2....	364
3....	48	3....	346
4....	72 (*)	4....	819
5....	108	5....	1228
6....	162	6....	1842
	444 millions st.		5042 millions st.

(*) La dépense réelle de la guerre de 1739, ne s'éleva pas à la somme donnée par la règle proportionnelle. Mais comme la nature des choses, quand on la comprime, revient à elle-même par un nouvel effort, ainsi qu'un courant d'eau qui emporte l'obstacle qui l'a arrêté quelques instans, il en fut de même de cette guerre et de celle qui suivit (1756), prises ensemble. Car la dépense de celle-ci remit les choses au niveau de la proportion, comme si elle n'avait pas été suspendue : circonstance qui prouve beaucoup mieux sa vérité, que s'il n'y avait pas eu cette interruption. La guerre de 1739 fut languissante ; les efforts furent au-dessous de la valeur de l'argent à cette époque. La raison proportionnelle donne en effet l'échelle de la dépréciation de l'argent, produite par le systême d'emprunts : ou ce qui revient au même, c'est l'échelle de l'accroissement du papier. Toute quantité additionnelle, en billets de banque ou autrement, diminue la valeur *réelle*, sinon la valeur *nominale* de la quantité qui en existait.

§. IV.

(En continuation.)

Symptômes de décadence du systême anglais.

Ceux qui savent la puissance avec laquelle une progression, même petite, qui s'étend, augmente dans une longue série, ne s'étonneront de rien dans cette table. Ceux qui ne connoissent point cette nature des choses, pourront être tentés de la nier; mais leur opinion d'une part, ni la mienne d'une autre, ne feront rien à l'évènement. Je montre la marche naturelle du systême de finance par emprunts, jusques à sa dissolution irrémédiable. Supposant que le gouvernement actuel d'Angleterre continue comme il a été depuis qu'il a pris ce systême, je ne donnerais pas un pour cent des fonds, à payer dans vingt ans. Je ne dis point cela par prédiction, je produis le calcul qui fonde mon opinion : et est bien intéressé à le connaître, quiconque a quelque chose à faire avec les fonds publics d'Angleterre, ou est dans le cas de laisser à sa postérité du bien qui en dépende.

Peut-être viendra-t-il à quelqu'un de demander, puisque le gouvernement ou les ministres ne suivent aucune raison, en faisant des emprunts, ou contractant des dettes, et puisque personne n'eut dessein ét ne songea jamais d'y en mettre, comment il arive qu'il y en ait une ? Je réponds que cette raison est fondée sur la nécessité des choses, et je vais l'expliquer.

Il arrivera toujours que le prix du travail ou du produit du travail, quelqu'il soit, se règlera sur la quantité de numéraire d'un pays, en admettant que les choses y aient leur cours naturel. Avant qu'on eût découvert le systême des finances par emprunt, il n'y avait point d'autre numéraire que l'or et l'argent. Comme la nature est avare de ces métaux, et n'en cède qu'une quantité régulière tous les ans par les travaux des mines, les prix différens des choses étaient proportionnés à la quantité de numéraire à cette époque, et ils restaient stationnaires au point de n'éprouver qu'une petite variation tous les cinquante ou soixante ans.

Quand ce systême de finance s'introduisit, on accrédita en même temps un moyen de remplacer l'or et l'argent. Ce moyen fut le papier, et sa quantité s'accrut comme celle de l'intérêt croissant par les emprunts accumulés. L'apparition d'une nouvelle espèce de numéraire additionnelle ne tarda pas à rompre la valeur relative que le numéraire et les choses qu'on achète avec lui, avaient auparavant. Tout monta de prix, mais le renchérissement fut lent et peu considérable au commencement, comme la différence, en unités, entre les deux premiers nombres de la série 8 et 12 comparés avec les deux

...iers nombres 90 et 135. Il était néanmoins suffisant pour se faire fortement sentir, dans une opération considérable. Quand donc le gouvernement s'engageant dans une guerre nouvelle, demandait un nouvel emprunt, il était obligé de le faire plus considérable que le premier, pour balancer le prix auquel les choses étaient montées : et comme ce nouvel emprunt augmentait la quantité du papier dans la proportion de son intérêt, il élevait encore le prix des choses. Le premier emprunt qu'on faisait après, était encore plus considérable pour équivaloir à ce dernier surenchérissement : et tout cela de la même manière, quoique dans un autre degré, que chaque nouvelle émission du numéraire continental d'Amérique ou des assignats en France était plus forte que la précédente émission, pour faire face à l'augmentation des prix, jusqu'à ce qu'il ne fut plus possible de soutenir le combat. C'est en cela qu'est fondée la nécessité dont j'ai parlé. Cette nécessité va avec une vîtesse accélérée, et la raison ou règle proportionnelle que j'ai établie. est la mesure de cette vîtesse, ou pour parler un langage technique convenable au sujet, c'est la mesure de la dépréciation croissante du papier monnaie d'emprunt, qu'il est impossible de prévenir, *tant que la quantité de ce papier et des billets de banque vont toujours se multipliant.* Comment expliquer autrement la différence de la dépense de deux guerres, dont l'une coûte 21 millions st., et l'autre 160.

On ne peut en donner pour raison des efforts et

des exploits extraordinaires. La guerre qui ne coûta que 21 millions st. fut la guerre des confédérés, nommée dans l'histoire la Grande Alliance formée de l'Angleterre, de l'Autriche et de la Hollande, au tems de Guillaume III, contre Louis XIV, et dans laquelle les confédérés furent victorieux. La confédération d'aujourd'hui est bien plus considérable; l'Angleterre, l'Autriche, la Prusse, l'Empire, l'Espagne, la Hollande, Naples et la Sardaigne, huit puissances contre la République Française ! et la République Française, seule contre tous, les a battus ! mais revenons à mon sujet.

On dit en Angleterre que la valeur du papier se maintient égale à celle de l'or et de l'argent, mais le fait n'est pas bien expliqué, car la vérité est que le papier a fait descendre l'or et l'argent à son niveau. En effet, l'or et l'argent ne peuvent rien acheter à aussi bas prix qu'ils le feraient, s'il n'y avait point de papier en circulation, et qu'ils le font même dans toute autre partie de l'Europe où le papier est inconnu. C'est une nouvelle question de savoir combien durera encore ce niveau du papier et de l'argent; il expose tous les jours le systême à une mort subite, et ce danger est indépendant de la mort naturelle qui l'attend, s'il l'évite.

Je considère le systême de finance par emprunts de l'Angleterre comme étant maintenant arrivé aux vingt dernières années de son existence. N'y eût-il que la dépense effroyable de la première guerre, qui coûtera maintenant 160 millions st. valeur *nominale*, et qui n'aurait coûté, au commencement du systême, que 21 millions; n'y eût-il que l'emprunt fait pour une seule année (en y comprenant l'emprunt de l'empereur) doit être *nominalement* plus grand que la dépense entière d'une seule guerre; cela suffirait pour montrer à quel degré de dépréciation le systême est arrivé. Sa dépréciation est dans la proportion de huit à un, comparant la valeur de son numéraire actuel avec ce qu'il était, lorsqu'il commença : et c'est précisément l'état où se trouvèrent les assignats de la France, il y a un an (Mars, 1795), comparés avec l'or et l'argent. Aussi est-ce pour cela que je dis que le systême anglais est entré dans ses vingt dernières années de vie, d'après la comparaison faite plus haut de vingt ans de la durée de ce systême à une année du systême d'Amérique et de France.

Supposant toujours que la présente guerre se termine comme les précédentes, et qu'elle ne produise aucune révolution ou réforme en Angleterre, on doit prévoir qu'il surviendra une guerre nouvelle dans l'espace des vingt ans dont je parle. Il n'est, en effet jamais arrivé que vingt ans se soient passés sans guerre, et cela particulièrement depuis que le gouvernement anglais s'est mêlé dans la politique de l'Empire, et s'est montré disposé à insulter l'univers, à opprimer avec sa marine le monde commerçant. Cette guerre prochaine élevera la dette nationale à bien près de sept cent millions st. dont l'intérêt à 4 pour cent montera à vingt-huit millions st., outre les taxes pour les

dépenses

dépenses du gouvernement, qui croîtront alors dans la même proportion, et éleveront les impôts au moins à quarante millions st. Une autre guerre qui commencera seulement après celle-là, les portera promptement à cinquante ; car c'est dans les dernières vingt années du systême par emprunts, que les grandes crises doivent s'y faire sentir, comme il est arrivé à la dernière année des systêmes d'Amérique et de France sans emprunts.

§. V.

Causes de la décadence du systême de finance de l'Angleterre.

Je viens de dire que le papier, en Angleterre, a *fait descendre* la valeur de l'or et de l'argent à son niveau, et qu'en *dépréciant* ainsi l'or et l'argent, le papier s'est donné l'apparence de se soutenir. La même chose et la même méprise eut lieu en Amérique et en France, pendant même un tems assez considérable, après le commencement de leur systême de papier-monnaie ; et la dépréciation réelle du papier fut long-tems cachée sous cette méprise.

C'était le tems où en Amérique tout devenait *cher* ; l'or et l'argent alors ne pouvaient pas acheter à plus bas prix que le papier ; c'est pourquoi on n'appelait pas cela dépréciation. L'idée de *cherté* prit la place de celle de dépréciation, et ç'a été la même chose en France. Quoique tout augmentât de prix aussi-tôt l'émission des assignats, l'on n'y achetait pas moins cher avec l'or ou l'argent les objets augmentés de prix, et l'on ne se plaignait d'autre chose, sinon que tout avait *renchéri*. C'est encore là le langage en Angleterre; on n'y parle encore que de la *cherté* des choses; mais on y reconnoîtra bientôt que c'est une véritable dépréciation, et qu'elle est l'effet du *funding* systême qui, en accumulant cette masse continuellement croissante de papier en circulation, fait descendre avec elle la valeur de l'or et de l'argent. Mais l'or et l'argent, à la fin, se révolteront contre la dépréciation, et se sépareront de la valeur du papier : car la marche de tous ces systêmes paraît être, de donner au commencement la prépondérance au papier, et de la rendre à la fin à l'or et à l'argent.

Mais ce passage du commandement de l'or et de l'argent sur le papier, est une crise bien plus périlleuse, dans le systême des rentes ou intérêts constitués, que dans aucun autre d'émission de papier. C'est en effet un symptôme de mort plutôt qu'une crise : c'est le dernier coup pour ce systême; c'est une révolution entière et subite, qui s'y fait.

Si le papier est émis sans le constituer en intérêts, on peut en continuer les émissions, après que sa valeur s'est séparée de celle de l'or et de l'argent, ainsi que cela s'est vérifié en Amérique et en France : mais le *funding* systême repose entièrement sur l'égale valeur du papier avec l'or et l'argent.

Elle subsiste aussi long-tems que le papier continue de faire descendre la valeur de l'or et de l'argent au niveau où il descend lui-même ; et dans cet état-là même, celui d'une dépréciation égale successive, le ministre, quelqu'il soit, se trouvera assiégé de difficultés, à cause que les emprunts et les impôts votés pour chaque année suivante, se flétriront dans ses mains, avant que l'année expire ou que l'application puisse en être faite. Cela le forcera de recourir à ce qu'on appelle des billets de l'*exchiquier* ou de la marine, lesquels, augmentant encore la masse du papier en circulation, précipiteront davantage encore la dépréciation.

Il faut savoir qu'en Angleterre on ne paye pas les impôts en or ou en argent, mais en papier, en billets de banque. Ceux qui payent des taxes un peu considérables, les fabricans de bierre et d'eau-de-vie, savent qu'il en est ainsi : j'en appelle à tout collecteur des douanes, ou à M. Whitbread, sur la vérité du fait. Il n'y a point assez d'or et d'argent dans la nation pour payer les impôts en numéraire métallique, comme je le démontrerai, et par conséquent il n'y en a point assez à la banque pour rembourser tous ses billets. L'intérêt de la dette nationale constituée est payé à la banque avec le même papier que les impôts sont levés. Quand on trouvera, comme il doit arriver, une réserve générale à donner de l'or et de l'argent contre des billets de banque, où la moindre préférence de l'un sur l'autre, alors chacun courra à la banque réaliser ses billets, comme il en à le droit ; chacun fera cela par mesure de prudence pour lui-même, et la vérité ou fausseté du systême de finance par emprunts seront alors reconnus.

§. VI.

Etat de la banque d'Angleterre.

J'ai dit dans le paragraphe précédent qu'il n'y a point assez d'or et d'argent en Angleterre, pour payer les impositions en numéraire métallique, et qu'il n'y en a par conséquent point assez à la banque, pour payer ses billets. Comme je ne veux rien avancer sur simple assertion, j'en appelle pour cette vérité aux écrits de M. Eden (maintenant appelé Lord Auckland), et à G. Chalmers, secrétaire du conseil de commerce et des Colonies, dont Jenkinson (maintenant appelé Lord Awksbury), est président (ces sortes de gens changent si souvent de nom qu'il est aussi difficile de les reconnaître que des voleurs). Chalmers donne la quantité des espèces d'or et d'argent sorties du balancier de la monnaie ; et déduction faite de l'or léger qui a été refrappé, il dit que la quantité d'or et d'argent monte à environ *vingt millions* st. Il eût mieux fait de ne le point dire et de ne le point prouver, sur-tout, s'il avait réfléchi que le *crédit public* de l'Angleterre n'est que la *méfiance endormie* : cette quantité est beaucoup trop modique.

De ces vingt millions sterlings, qui ne sont pas le quart de ce qu'il y a d'or et d'argent en France (comme c'est démontré dans le traité de Necker sur l'administration des finances), trois millions au moins doivent se trouver en Irlande ; quelque partie doit être ensuite répandue en Ecosse, dans les colonies Occidentales, etc. Il ne peut donc en rester plus de seize millions en Angleterre, ce qui est quatre millions de moins que le montant des impôts. Mais en admettant qu'il y ait seize millions, pas plus du quart de cette somme (quatre millions), ne peut être à Londres, quand chaque ville, bourg, village, hameau et ferme doivent bien en avoir une partie, et que toutes les grandes manufactures auxquelles le numéraire métallique est indispensable, sont hors de Londres. De ces quatre millions qui sont dans Londres, tout banquier, marchand, artisan, en un mot chaque individu doit bien en avoir quelque chose : est bien pauvre la boutique qui n'a pas quelques guinées dans son tiroir. Il est donc évident par toutes ces circonstances, que la quantité du numéraire métallique à la banque ne peut aller à deux millions sterlings, et ne va même probablement qu'à un million. C'est sur ce fil léger toujours exposé à rompre, qu'est suspendu tout le systême d'emprunt de quatre cents millions sterlings, outre plusieurs millions de billets de banque. La somme réelle qui est à la banque, n'est pas suffisante pour payer le quart seulement de l'intérêt d'une année de la dette nationale, si les créanciers exigeaient du numéraire métallique en payement ou changeaient immédiatement les billets dans lesquels ils sont payés; circonstance qui, chaque jour, peut arriver.

Une des amusettes qui a le plus contribué à faire durer le jeu comique du *funding* systême, c'est que l'*intérêt* est régulièrement payé. Mais comme l'intérêt est toujours payé en billets de banque, et que les billets de banque peuvent toujours être *monnoyés* pour cela, cette régularité de paiement ne prouve rien. Le point de la question est en ceci : la banque peut-elle donner du numéraire métallique pour les billets de banque avec lesquels on paie l'intérêt? Si elle ne le peut, et c'est évident, il faut donc que quelques millions restent à la fin sans remboursement, et que les porteurs des billets qui seront présentés les derniers, soient dupes. Si l'on payait une fois la somme de numéraire métallique qui est à la banque, il est presque impossible d'imaginer comment elle se renouvellerait. Il n'en viendra point par les impositions, car elles seront toutes payées en billets de banque; si le gouvernement les refusait, leur crédit serait perdu du même coup. Il n'en viendra pas non plus par la recette des lettres-de-change escomptées au commerce; car tout commerçant paiera alors en billets de banque et point en numéraire métallique. Il n'y a donc pas de moyen pour la banque, d'en obtenir un nouveau supplément, dès qu'elle aura payé avec celui qu'elle possède à ce moment. Mais outre l'impossibilité de payer en numéraire métallique l'intérêt de la dette constituée, il y a mille personnes à Londres et hors de cette ville, porteurs de billets de banque reçus par la voie honnête du commerce, qui ne sont point des vendeurs ou agioteurs des actions des fonds publics : ces personnes n'ont eu aucun profit à l'émission des billets de la banque, comme Boyd et autres, qui, mûs par leur intérêt, contractent ou prétendent contracter pour les nouveaux emprunts : et elles imagineront sans doute avoir un juste droit à ce que leurs billets soient les premiers payés. Boyd a été bien fin pour changer en France son papier en numéraire métallique; il sera aussi rusé et aussi prompt à faire maintenant la même chose à Londres, car il a appris à bien compter : et il est probable qu'il partira alors pour l'Amérique (5).

Ce n'est point une chose nouvelle que de voir les paiemens arrêtés à la banque. Smith, dans son ouvrage de la *richesse des nations* (liv. 2, ch. 2), dit qu'en 1696, les billets de l'*échiquier* tombèrent de quarante, cinquante et soixante pour cent; que les billets de la banque perdirent vingt pour cent, et qu'elle arrêta ses paiemens. Ce qui arriva en 1696, pourrait bien arriver en 1796. L'époque de cet évènement fut la dernière année de la guerre du roi Guillaume. Il arrêta nécessairement l'émission ultérieure des billets de l'échiquier et de la marine; il empêcha de lever de nouveaux emprunts; il força à conclure la paix qui fut faite l'année d'après, et il sauva, par elle, la banque, de banqueroute. Smith, parlant de l'état de la banque, dans une autre occasion, dit, liv. 2, ch. 2 : « cette compagnie fut réduite à la nécessité de payer en pièces de six sols ». Quand une banque se sert du stratagême de payer en pièces de six sols, elle publie son insolvabilité.

Il est digne de remarque, que chaque dérangement de finance depuis que le systême du papier s'est introduit, a causé dans les gouvernemens une révolution totale ou partielle. Le dérangement des finances de la France produisit sa révolution; le dérangement de son systême d'assignats brisa le gouvernement révolutionnaire, et amena la constitution actuelle. Le dérangement des finances de l'ancien congrès d'Amérique et l'embarras qu'il produisit dans le commerce, rompit le systême de la première confédération, et produisit la constitution fédérale actuelle. Si maintenant, l'on peut raisonner par comparaison des causes et des évènemens, un dérangement dans les finances d'Angleterre produira inévitablement un changement dans son gouvernement.

Quant au projet de M. Pitt, d'amortir la dette nationale en y appliquant un million sterling par an, lorsqu'il continue d'y ajouter chaque année plus de vingt millions, c'est comme s'il mettait un homme avec une jambe de bois à courir après un lièvre; plus il court, et plus il en est loin.

§. VII.

De la mort du système de finance de l'Angleterre.

Quand j'ai dit que le système de finance par emprunts de l'Angleterre est entré dans ses dernières vingt années d'existence, je n'ai certainement pas prétendu dire qu'il durerait encore vingt ans, et qu'il expirerait alors comme un bail. J'ai entendu marquer cet âge de décrépitude, où la mort menace chaque jour, et où la vie ne peut durer long-tems. Mais la mort du crédit où cet état qu'on nomme banqueroute, n'est pas toujours marqué par ces degrés progressifs d'une décadence visible, qui manifestent celle de la vie naturelle. Dans le cours de celle-ci, la vieillesse ne peut contrefaire la jeunesse, ni cacher l'abandon des facultés de l'âge viril. Mais il en est tout autrement de la mort du crédit; car quand toutes les approches de la banqueroute existent en réalité, elles peuvent encore être cachées par les apparences. Rien n'est plus commun que de voir, en banqueroute, des personnes qui jouissaient d'un plein crédit le jour d'auparavant : et cependant, l'état de leurs affaires n'est pas plutôt connu, que chacun voit qu'elles étaient depuis long-tems insolvables. A Londres, le plus grand théâtre de banqueroute de l'Europe, ceci sera très-bien et sensiblement compris.

M. Pitt parle continuellement de crédit et de ressources nationales. C'est-là précisément deux des feintes apparences qui cachent les approches de la banqueroute. Ainsi que je viens de le prouver, ce qu'il appelle crédit, peut exister dans un état d'insolvabilité, et n'est toujours, comme je l'ai défini, que le *sommeil de la méfiance*.

Quant aux ressources nationales, M. Pitt, comme tous les financiers anglais qui l'ont précédé depuis le commencement du systême de finance par emprunts, s'est trompé sur la nature d'une ressource ; c'est-à dire qu'ils ont donné purement, pour elle, la tromperie de leur systême d'emprunts : mais le tems à la fin la découvre. Ce qu'ils appellent et ce qu'ils ont appelé une ressource, n'en est point une ; c'est seulement l'*anticipation* d'une ressource. Ils ont anticipé ce qui eût été une ressource pour la génération suivante, s'ils ne l'avaient consommé d'avance : le systême de finance par emprunts, n'est qu'un sysême d'anticipations. Ceux qui l'établirent il y a cent ans, anticipèrent sur les ressources de ceux qui devaient vivre cent ans après ; car le peuple d'aujourd'hui est obligé de payer l'intérêt des dettes qu'ils ont contractées, ainsi que celui de toutes les dettes contractées depuis : et nous en sommes à la dernière plume dont le poids va briser le dos du cheval. Si ce systême avait commencé cent ans plutôt, la somme actuelle des impôts nécessaires pour payer l'intérêt annuel de la dette à quatre pour cent (en supposant qu'autant de folie eût pu durer si long-tems), s'éleverait à deux cents vingt millions sterlings par an : le capital de la dette serait de 5486 millions sterlings (6), selon la raison proportionnelle qui donne la dépense des guerres des cent années passées. Mais bien avant que ce systême eût pu atteindre cette époque, la valeur des billets de banque par leur immense quantité (c'est par un papier seulement qu'un revenu nominal aussi considérable pourrait être levé), serait tombée aussi bas et plus bas encore que le papier-monnaie continental d'Amérique où les assignats en France ; et quant à l'idée de les échanger contre de l'or et de l'argent, elle est trop absurde pour être réfutée.

Ne voyons nous pas que la nature, dans toutes ses opérations, s'élève contre la base imaginaire, sur laquelle est construit le systême de finance par emprunts? Elle opère toujours par des renouvellemens successifs, et jamais en accumulant des additions perpétuellement progressives. Les animaux et les végétaux, les hommes et les arbres ont existé depuis le commencement du monde; mais cette existence s'est soutenue par la succession des générations, et non point par une vie immortelle, donnée aux hommes et aux arbres, et en ajoutant continuellement à ce qui a une fois existé : pour faire place au nouveau, la nature se débarrasse de l'ancien. L'idiot de naissance comprend cela : l'imbécille agioteur seul ne s'en apperçoit pas; il croit que l'art peut faire ce qui est impossible à la nature : il veut qu'il y ait ici un systême nouveau, dans lequel l'homme n'aurait point à mourir; dans lequel le plan de la création s'exécuterait, comme le *funding* systême de l'Angleterre, c'est-à-dire, opérerait par des additions continuelles de nouveaux êtres, et les ferait tous vivre ensemble dans une jeunesse éternelle. — Va, imbécille ! compte les tombeaux ; et connais la folie de tes calculs.

Mais en outre ; il est quelque chose de visiblement risible dans toute l'opération des emprunts. Il y a à peine un peu plus de quatre ans qu'il y eut à Londres une telle épidémie de banqueroutes, que tout l'édifice commercial en fut ébranlé ; le crédit, toutes les affaires étaient en suspens, et l'état des choses fut tel, que pour empêcher ou retarder une banqueroute générale, le gouvernement prêta aux commerçans six millions serlings, en papier du *gouvernement*. Maintenant, les commerçans prêtent au gouvernement 22 millions sterlings en *leur* papier ; et deux parties, Boyd et Morgan, deux hommes assez peu connus, se disputent à qui seront les prêteurs. Quel est donc ce charlatanisme ? Il réduit l'opération des emprunts à un papier de *connivence* ; et les contendans ne disputent pas à qui prêtera, mais à qui signera, parce qu'il y a quelque chose à gagner pour celui qui prête sa signature (7).

Tout agioteur des fonds publics, ou ministre, Anglais, vante le crédit de l'Angleterre. Son crédit, disent-ils, est plus grand que celui d'aucun pays de l'Europe. Il est une bonne raison pour cela ; aucune autre nation de l'Europe, ne pouvait être dupée par un aussi grossier charlatanisme. Le *funding* systême, le systême à rentes, à intérêts constitués, de l'Angleterre, sera un monument qui étonnera moins à cause de l'étendue à laquelle on l'a porté, que par la folie qui l'a soutenu.

Ceux qui ont précédemment prédit que ce systême croulerait sitôt que la dette s'éléverait à cent ou cent cinquante millions, ne se sont trompés qu'en ce qu'ils n'ont point distingué entre l'état d'insolvabilité et celui de banqueroute.

L'insolvabilité commença du moment où le gouvernement n'a plus été en état de payer l'intérêt de la dette, en numéraire métallique, ou de rembourser, de cette manière, les billets de banque avec lesquels on le payait; soit qu'on connût, soit qu'on suspectât cet état d'insolvabilité ou que l'on n'en eût pas d'idée. L'insolvabilité existe toujours avant la banqueroute; car la banqueroute n'est que la publication de cette insolvabilité. En affaires privées, il arrive souvent que l'insolvabilité existe et reste cachée plusieurs années avant que la banqueroute se déclare, lorsqu'on n'est plus en état de payer un sol pour livre. Un gouvernement peut se préserver de la banqueroute plus long-tems qu'un individu : mais l'insolvabilité produira toujours, à la fin, la banqueroute du gouvernement et du particulier. Si donc la quantité de billets de banque émis, payables à vue, est plus grande que ce que la banque est en état de payer, la banque est insolvable; et quand son insolvabilité se déclarera, la banqueroute alors éclatera (*).

(*) Parmi les fourberies employées par les ministres

§. VIII.

Opérations et état actuel de la banque d'Angleterre.

Je vais maintenant montrer les différentes voies par lesquelles les billets de la banque sont jetés dans la circulation. Je présenterai après une estimation de la

---

pour tromper la nation anglaise et pour présenter les affaires sous une fausse couleur, celle dont M. Pitt a fait le plus d'usage, c'est le mélange amphibie appellé *balance du commerce*. Cette balance du commerce est un relevé des registres de la douane, où l'on note les chargemens qui entrent et ceux qui sortent, chaque année : et quand la valeur de l'exportation, calculée d'après les prix mis aux objets par leurs propriétaires ou les employés des douanes, surpasse celle de l'importation, calculée de la même manière, on dit que la balance du commerce est d'autant en faveur de la nation.

Les registres de la douanne prouvent assez bien que tant de chargemens ont été exportés, et tant importés. Mais c'est tout ce qu'ils peuvent prouver, ou qu'on a voulu qu'ils prouvassent. Ils n'ont rien de commun avec la balance des profits et des pertes : et c'est ignorance que d'en appeller à eux pour cet objet : car la vérité est que plus la perte est grande une année, et plus ce qu'on

quantité totale ou du montant des billets de banque à ce moment en circulation.

---

nomme balance du commerce paraîtra s'élever d'après les registres de la douanne.

Par exemple, presque tout le convoi de la Méditérannée a été pris cette année par les Français; les cargaisons des navires qui le composaient, ne paraîtront point parconséquent, comme importations, sur les registres de la douane; et par là, la balance du commerce, désignation par laquelle on entend ses profits, paraîtra plus grande, de la valeur de cette perte : et d'autre part, si elle n'eut pas eu lieu, les profits auraient paru d'autant moindres. Toutes les pertes qui arrivent en mer aux cargaisons de retour, par accident, par les élémens ou les corsaires, élèvent la balance du côté des exportations : fussent-elles toutes perdues en mer, elles paraîtraient toutprofit, sur les registres de la douane; et de plus, toute cargaison d'articles exportés, qui se perdant, est cause qu'une nouvelle est expédiée, ajoute de la même manière au côté des exportations, et y figure comme profit. La balance de commerce cette année-ci paraîtra donc fort élevée, à cause que les pertes ont été considérables par les corsaires et les tempêtes.

L'ignorance du parlement d'Angleterre, en écoutant ce mensonge banal des ministres, la balance du commerce, est étonnante. Cela montre combien les membres sont mal instruits des affaires de la nation. Grey ferait aussi bien de leur parler grec, que de leur faire des motions sur l'état du pays. Ils comprennent mieux la chasse au renard et les règles des jeux.

La banque agit de trois manières ; comme banque d'escompte, comme banque de dépôt et comme banque du gouvernement.

D'abord comme banque d'escompte, la banque escompte les lettres de change du commerce, pour deux mois. Quand un négociant a une lettre de change qui est à deux mois d'échéance, et qu'il a besoin d'en recevoir le paiement auparavant, la banque le lui avance, déduction faite de l'intérêt, à raison de cinq pour cent par an. La lettre de change reste à la banque, comme une sûreté ou gage ; et au bout de deux mois, elle doit être acquittée. Tout cela se fait totalement en papier : car les profits de la banque, comme banque d'escompte, viennent uniquement de ce qu'elle fait usage de son papier comme d'argent. La banque donne ses billets aux commerçans, quand elle escompte les lettres de change, et ceux qui acquittent ensuite celles-ci, donnent encore à la banque de ses billets, en les payant. Il est bien rare que dans ces opérations il se donne quelque argent réel.

Si les profits de la banque sont, par exemple, de deux cents livres sterlings par an (somme considérable à tirer du simple échange d'un papier contre un autre, et qui montre combien les négocians de Londres sont pressés de fonds dans leurs paiemens, loin d'avoir à en prêter au gouvernement) ; ces profits prouvent que la banque escompte, par an, une somme de quatre millions sterlings ou 666,666 liv. tous les deux mois. Comme les lettres de change qui restent en dépôt à la la banque, pour gage, se réalisent tous les deux mois, et qu'elles ne s'élèvent pas pendant cet intervalle au-delà de cette somme, il en résulterait que la somme des billets de la banque, en circulation, ne devrait pas excéder celle-là. Cela suffit pour démontrer que l'immense quantité de ce papier qui inonde l'Angleterre et qui est répandu dans toutes les villes, bourgs, villages et fermes des trois royaumes, ne peut venir de l'escompte des lettres de change.

Secondement comme banque de dépôt, la banque doit recevoir et rendre les fonds qu'on place chez elle, à la convenance des dépositaires, ou payer pour eux, sur leur ordre. Quand elle escompte beaucoup, elle doit nécessairement recevoir peu de dépôts. Personne en effet ne donne de dépôt, et ne fait en même tems escompter de lettres de change : ce serait payer l'intérêt et prêter de l'argent, au lieu d'en emprunter moyennant ce sacrifice. Les dépôts qui sont aujourd'hui faits à la banque, sont presque tous entièrement en ses billets. Ils ne peuvent par conséquent aider en rien la banque à payer ceux dont on peut lui demander le remboursement. Et, en outre, les dépôts ne sont pas plus la propriété de la banque, que l'argent et les billets de banque qu'un négociant possède dans son comptoir, ne sont la propriété de son caissier. On ne peut donc encore mettre, sur le compte des dépôts faits à la banque, aucun grand accroissement de ses billets dans la circulation, au-delà de ce qu'y jette l'escompte des lettres de change.

Troisièmement, la banque agit comme banquier

du gouvernement; et c'est là une dépendance qui menace d'une ruine certaine toute banque publique. C'est par elle que le crédit d'une banque est forcé au-delà de ce qu'on devrait le faire aller, et qu'on le pousse même au-delà de ce qu'elle peut payer. C'est par elle que la banque d'Angleterre a surchargé la circulation d'une quantité aussi énorme et aussi disproportionnée de ses billets, et qu'elle les a émis, non pas, en conséquence de valeurs réelles dont elle aurait été dépositaire, mais précisément, parcequ'elle n'en avait point.

Quand la trésorerie est vide, et c'est ce qui arrive presque tout le courant de chaque année, ses coffres à la banque sont vides aussi. C'est alors que le ministre a recours à ce que l'on appelle billets de l'exchiquier et de la marine. Ils donnent continuellement naissance à un nouvel accroissement des billets de banque, qui sont lancés dans le public, sans qu'il y ait à la banque aucune valeur réelle pour les payer.

Ces billets de l'exchiquier et de la marine, qu'on émet, comme je l'ai dit, parce que la trésorerie et ses coffres à la banque sont vides et ne peuvent satisfaire aux demandes qui surviennent, ne sont autre chose, qu'une reconnaissance que le porteur a droit à recevoir telle somme. On peut les considérer comme un arrêté de compte, dans lequel le débiteur reconnaît ce qu'il reste devoir, et dont il donne une note courante, afin que sur elle, son créancier puisse trouver de l'argent.

Quelquefois la banque escompte ces billets, comme elle escompte les lettres de change du négoce : quelquefois elle les achète des porteurs au prix courant, et quelquefois elle convient avec le ministre de leur attacher un intérêt, et de les laisser dans la circulation. Dans tous les cas, il se fait une nouvelle émission de billets de la banque, qui sont jettés dans le public, sans que celle-ci ait reçu aucune valeur réelle, comme banquier du gouvernement, pour les payer. La banque, en outre, n'a pas d'argent de son propre, car celui qui fut souscrit aux premiers jours de son établissement pour commencer son crédit, a été prêté au gouvernement et dissipé il y a bien long-tems.

« La banque, dit Smith, (liv. 2, ch. 2.) agit non » seulement comme une banque ordinaire, mais en- » core comme une grande machine d'état. Elle reçoit » et paye la plus grande partie des rentes dues aux » créanciers du *public* » (c'est une chose digne de remarque que le *public* ou la *nation* est toujours mise à la place du gouvernement, en parlant des dettes). « Elle fait circuler, continue Smith, les billets de » l'exchiquier, et elle avance au gouvernement le » montant annuel de l'impôt territorial et sur la bierre, » dont la recette éprouve fréquemment plusieurs » années de retard (avances qui sont encore faites en billets de la banque pour lesquels elle ne reçoit aucun fonds réel). « Dans ces opérations diverses, » ajoute Smith, *le devoir* de la banque *envers le* » *public* peut l'avoir quelquefois forcée, sans aucune

» faute de ses directeurs, de *surcharger la circulation* » *de papier monnaie*, par ses billets. » Comment le *devoir* de la banque, *envers le public*, peut-il l'obliger à *surcharger* ce public, de ses billets ou promesses auxquelles elle *ne peut faire honneur*, et à exposer ainsi les individus du même public à être ruinés ? Le paradoxe est trop fort pour être expliqué, car la banque va uniquement sur le crédit que lui *donnent* les individus qui reçoivent et font circuler ses billets, et non sur son *propre* crédit ou sur ses *propres* valeurs réelles dont elle est entièrement dénuée. Si c'est cependant son devoir d'exposer le public à tant de dangers, c'est au moins également le devoir des individus de ce public de recevoir leur argent, et de prendre soin d'eux-mêmes; de laisser aux gens en place, pensionnaires et fournisseurs du gouvernement, aux *sociétés monarchiques* et aux membres des deux chambres du parlement, qui ont voté pour livrer l'argent du public, au signe même du ministre; de laisser, dis-je, à ces gens-là, de soutenir, s'ils le peuvent, le crédit de la banque et celui de ses billets qui ne peuvent plus être payés en numéraire effectif, et auxquels on doit hypothéquer aussi loin qu'ils peuvent aller, les biens de ceux au profit de qui ils ont été émis et qui les ont fait émettre.

Il y a toujours eu, et il existe encore une dépendance mystérieuse et suspecte entre le ministre et les directeurs de la banque, laquelle ne se manifeste pas autrement, que par l'augmentation continuelle des billets en circulation. C'est pourquoi, sans entrer dans d'autres détails sur tous les stratagêmes par lesquels les billets de la banque sont émis et jettés dans le public, j'en viens, comme je l'ai annoncé, à offrir une estimation de la quantité totale des billets de la banque en circulation.

§. IX.

Suite et estimation des billets de banque en circulation.

Quelque disposition qu'aient les gouvernemens à extorquer par des taxes l'argent du peuple, il est à leur rapacité une limite qui vient de la nature même des choses. Cette limite est la proportion entre la quantité d'argent chez une nation, et celle qu'il est possible d'y lever par les impôts. Le peuple a autre chose à faire de l'argent que pour payer des impôts. Ce n'est qu'une partie proportionnelle de cet argent qu'il peut réserver pour eux, comme ce n'est aussi qu'une autre partie proportionnelle qu'il peut en appliquer aux locations, à l'habillement et aux autres usages particuliers. Ces proportions se trouvent, s'établissent d'elles-mêmes, et cela avec tant d'exactitude, que si une partie excède ses proportions, toutes les autres s'en ressentent.

Avant l'invention du papier-monnaie (les billets de banque), il n'y avait pas d'autre monnaie en Angleterre que l'or et l'argent, et la somme la plus forte qui fut levée par les impôts à cette époque, n'excéda jamais le quart du numéraire que possédait la nation. C'était beaucoup, quand les impôts s'élevaient là. Du tems de Guillaume III, ils ne s'élevèrent jamais à quatre millions, avant l'invention du papier, et la quantité d'argent que possédait alors la nation, est estimée à seize millions. Les mêmes proportions s'établirent d'elles-mêmes en France. Jusques à la révolution actuelle, il n'y eut pas de papier-monnaie, et les impôts furent levés en numéraire d'or et d'argent. Les impositions les plus fortes n'excédèrent jamais vingt-deux millions sterlings, et la quantité d'or et d'argent que possédait alors la France, selon Necker et d'après ce qui est sorti de la monnaie (Voyez son traité de l'administration des finances), était à-peu-près de quatre-vingt-dix millions sterlings. Pour passer cette limite du quart en Angleterre, on fut obligé de créer du papier-monnaie; et la tentative d'outre-passer ce quart en France, où l'on ne put introduire du papier, renversa le gouvernement. Cette proportion du quart est donc une limite posée par la nature même des choses, quelque quantité que soit celle du numéraire circulant.

Le montant des taxes en Angleterre est de vingt millions st. pleins; il en résulte que la somme d'or, d'argent et de billets circulans, pris ensemble, doit s'élever à quatre-vingt millions sterlings. La quantité d'or et d'argent est, selon le secrétaire du lord Awksburry, Ge. Chalmers, ainsi que je l'ai dit plus haut, de vingt millions sterlings; et par conséquent, le montant total des billets de banque en circulation est de soixante millions sterlings. Cette somme énorme étonnera les plus stupides agioteurs, et comblera la crédulité des Anglais les plus dépourvus de réflexion: mais n'y eût-il que le tiers de cette somme, la banque ne pourrait payer un demi écu par livre sterling (8).

Il y a quelque chose de curieux dans les mouvemens de la machine moderne et compliquée du systême de finance par emprunts; et ce n'est qu'à ce moment qu'il développe les mouvemens plus étendus. Au commencement il met de grands moyens dans les mains du gouvernement, mais ensuite il les lui retire complétement.

Ce systême commença par lever des revenus, sous le nom d'emprunts; et par ce moyen le gouvernement devint prodigue et puissant. Les préteurs prirent le nom de créanciers; et quoiqu'on découvrit bien vite que les préteurs n'étaient que des vendeurs pour le gouvernement, ces prétendus préteurs ou les personnes qui achetèrent après les fonds publics, se crurent non seulement créanciers, mais encore, les seuls créanciers.

Cependant, tel a été l'effet de cette machine compliquée, qu'elle a produit, sans qu'on s'en apperçût, une autre famille de créanciers, plus nombreuse, beaucoup plus formidable, et en tout beaucoup plus réelle, que la première: car tout porteur de billets de banque est un créancier, un créancier réel ; et ce qui lui est dû ; est payable à vue, sur demande.

La dette par conséquent que le gouvernement doit aux individus, est composée de deux parties ; l'une environ de quatre cents millions sterlings, portant intérêt, l'autre, environ de soixante millions payable à vue, sur demande. La première est appellée la dette constituée, due pour les emprunts et portant intérêt ; la seconde est la dette due pour les billets de la banque.

La seconde dette, celle due pour les billets de la banque, a été en grande partie contractée pour payer les intérêts de la première, tellement que dans le fait bien peu ou même rien du tout de ces intérêts n'a été payé par le gouvernement. Tout ici a été fraude et tromperie. Le gouvernement dabord contracta une dette, dans la forme des emprunts, avec une classe du peuple, et ensuite il en contracta, clandestinement, une autre avec une autre classe du peuple, par le moyen des billets de banque, pour payer l'intérêt de la prémière. Le gouvernement agit par lui même en contractant celle-ci, et il fit de la banque, une machine pour contracter l'autre.

C'est cette seconde dette qui change le siège des pouvoirs et l'ordre des choses ; car elle met au pouvoir d'un petit nombre des porteurs des billets de la banque, n'eussent-ils d'autre motif de mécontentement que le dégoût qu'inspire l'acte de Pitt et de Grenville sur les séditions ; elle met, dis-je, au pouvoir d'une petite partie des porteurs des billets de banque, les moyens de s'opposer à toute mesure du gouvernement, qu'ils jugent contraire à leur intérêt, et cela, non pas par des sociétés ou des assemblées populaires, mais, par l'opération simple et aisée de retirer au gouvernement leur crédit ; c'est-à-dire, en demandant individuellement à la banque le payement de tous ses billets qui peuvent tomber dans leurs mains. Pourquoi Pitt et Grenville prétendraient-ils que ceux qu'ils insultent et injurient, continuent de soutenir les mesures de Pitt et Grenville, en donnant crédit à leurs billets ou promesses de payement. Aucune émission nouvelle de billets ne pourra alors se faire, quand on demandera le payement des anciens, et que le numéraire métallique de la banque s'écoulera journellement ; on ne pourra non plus faire aucune nouvelle avance au gouvernement ou à l'empereur, pour pousser en avant la guerre, ni émettre de nouveaux billets de l'exchiquier.

« La banque, dit Smith (liv. II, chap. II) est » *une grande machine d'état* », et il ajoute dans le même paragraphe : « *la solidité de la banque est égale* » *à celle du gouvernement Anglais* », ce qui est la même chose que de dire ; la solidité du gouvernement est égale à celle de la banque, et rien de plus. Si donc la banque ne peut payer, *le grand trésorier du saint empire romain* [SRIA (*)] n'est plus qu'un banque-

(*) Partie de l'inscription de la guinée anglaise.

routier. Quand la folie inventa des titres, elle ne réfléchit pas sur leur application ; car depuis que le gouvernement d'Angleterre est dans les mains *de grands trésoriers*, il n'a cessé de courir à la banqueroute ; et quant au grand trésorier *apparent*, il est depuis long-tems en banqueroute. Quelle misérable perspective l'Angleterre a devant les yeux !

Avant 1755, il n'y avait pas de billets de banque au-dessous de vingt livres sterlings. Durant la guerre de cette époque, l'on en fit de dix et de quinze ; et maintenant depuis la guerre actuelle, l'on est descendu jusqu'à en faire de cinq livres sterlings. Ceux-ci circuleront principalement parmi les boutiquiers, les bouchers, les boulangers, les revendeurs au marché, les propriétaires de petites maisons, les aubergistes, etc. Tout le haut rang du négoce et de la classe opulente était déjà *surchargé*, selon l'expression de Smith, de billets de banque. Il n'y avait plus de place où l'on pût jetter une quantité nouvelle additionnelle de ces billets, hors la classe du peuple, que je viens de désigner ; et le moyen de l'en saturer comme les autres, le meilleur, était sans doute d'émettre des billets de cinq livres : conduite semblable à celle d'un homme insolvable et sans principes, qui sur le point de faire banqueroute pour des millions, emprunterait des sommes aussi modiques que cinq livres sterlings, des domestiques de sa maison, et ouvrirait le lendemain sa faillite !

Mais quelque secours et soulagement momentané,

que le ministre Pitt et sa banque aient pu attendre de ce bas stratagême, l'émission des billets de cinq livres, il ne fera que mettre davantage encore la banque hors d'état de payer les billets de plus forte somme, et il hâtera la destruction du tout : car les impôts même de petites sommes qui étaient auparavant payés en argent, le seront maintenant en ces billets ; et la banque se trouvera bientôt presque sans autre argent que celui que pourra rendre la taxe d'une guinée sur chaque tête poudrée.

Les billets de banque sont la partie la plus essentielle des finances de l'Angleterre ; ce qu'on appelle la dette nationale constituée en rentes, n'est qu'une bagatelle, quand on la leur compare ; et cependant, on n'a jusqu'à présent rien dit de ce qu'il en est de ces billets. Mais il faut certainement qu'on sache sur quelle autorité, celle des ministres ou des directeurs, et sur quelle base, l'on en a émis une aussi immense quantité. J'en ai fixé le montant à soixante millions sterlings ; j'ai produit des faits : mais en outre ; leur quantité excédant évidemment beaucoup celle de l'or et de l'argent, confirme cette estimation ; et encore, n'y eût-il de billets que le tiers de soixante millions, la banque ne pourrait payer un demi écu de la livre sterling : car, comme je l'ai dit, il ne peut venir à la banque aucun nouveau supplément d'argent, parce que toutes les taxes seront payées en papier.

Quand le système des emprunts commença, on

ne faisait pas de doute que tous les emprunts seraient un jour remboursés. Non-seulement le gouvernement accrédita cette opinion, mais encore il commença à rembourser : petit à petit on s'écarta de ce principe, et on l'abandonna. Or, il est facile de voir que les billets de la banque suivront la même route ; car leur montant n'est autre chose qu'une autre dette, sous un autre nom. Il est probable que M. Pitt proposera à la fin de les constituer en rentes. Alors les billets de banque d'Angleterre ne vaudront pas les assignats de France. Les assignats ont une solide propriété en réserve dans les domaines nationaux ; les billets de banque n'en ont point : et, en outre, les revenus de l'Angleterre baisseront à ce qu'ils étaient avant que le systême d'emprunts commençât, à trois ou quatre millions sterlings. Le *grand trésorier* demandera alors un million pour lui seul ; et le grand trésorier *apparent* voudra encore avoir trois quarts du second million, pour payer ses dettes. « *En France*, dit Sterne, *ces choses sont mieux ordonnées* ».

§. X.

Conclusion.

J'ai maintenant dévoilé le systême de finance de l'Angleterre aux yeux de toutes les nations : car cet écrit sera publié dans toutes les langues. En le composant, je me suis acquitté d'un acte de justice envers les citoyens nombreux des nations neutres, à qui ce systême frauduleux en a imposé, et qui ont leur propriété compromise dans l'évènement.

Comme citoyen des États-Unis d'Amérique, et autant qu'un individu peut le faire, j'ai vengé (si je puis employer cette expression sans aucun sens immoral), les rapines politiques, commises sur le commerce des Américains, par le gouvernement Anglais ; j'ai rendu, pour la France, à ce gouvernement machiavélique, ce qu'elle lui doit en matière des finances ; je termine en, renvoyant à M. Pitt les mêmes expressions dont il s'est servi contre elle : et je dis, le systême de finance de l'Angleterre « EST SUR LE BORD, BIEN PLUS, DANS LE GOUFFRE MÊME DE LA BANQUEROUTE ».

THOMAS PAINE.

Paris, 19 Germinal, an IV de la République Française, 8 Avril 1796.

NOTES DU TRADUCTEUR.

(1) *The funding-system :* J'ai traduit le *systéme à rentes*, *à intérêts constitués*, *le systême par emprunts*, ou *le systéme des fonds publics*; j'ai encore tenté de faire passer en français *funding*-systême, comme les Anglais ont eux-mêmes reçu notre mot *Assignats*, qu'ils écrivent sans autrement le traduire.

Mais voici quelques notions essentielles à avoir sur les *fonds* anglais.

L'hypothèque n'est que sur l'intérêt, et ne porte nullement sur le capital. Jamais personne ne s'est flatté, et le gouvernement n'a même jamais *sérieusement* promis, que le principal serait remboursé : l'intérêt seul est hypothéqué sur les impôts qui sont affectés au payement de l'intérêt de chaque emprunt ; et tous les emprunts faits depuis le commencement du systême, réunis, forment à-peu-près ce qu'on appelle la dette consolidée, à laquelle Pitt a tant et tant ajouté.

(2) Le systême de finance de la France n'avait point le vice radical de celui d'Amérique. L'un et l'autre ont eu le même principe, l'*émission*, comme le dit Th. Paine, *du capital* ; mais leur fin ne devait certainement pas être la même : celui d'Amérique avait marqué l'écueil, et la France devait d'autant mieux le faire éviter au sien. Par un amortissement successif, *volontaire ou*

forcé, il lui est facile de le conserver intact, autant que dureront ses besoins ; elle peut le rajeunir avant l'ouverture de chaque campagne.

Ce qui fait la différence de l'Amérique et de la France à cet égard, c'est que la France, très-populeuse, offre des terres en toute valeur pour le gage de ses assignats, et que la valeur de ses armées accroît sans cesse ce gage, par l'acquisition des biens nationaux compris dans les conquêtes qu'elles font sur ses ennemis. Des imbécilles, il est vrai, des fripons et des perfides sont venus, qui, d'un côté, ont émis à profusion ses assignats pour les déprécier, et de l'autre, éteint un moment son énergie, et corrompu son esprit républicain ; mais son gouvernement constitutionnel aura dans peu tout rétabli.

L'Amérique, au contraire, n'avait que des terres sans culture et sans habitans à donner en extinction de son papier. Le moyen qu'elle pût amortir, comme la France, celui qui surchargeait sa circulation ? Ses ennemis venaient l'attaquer d'au-delà des mers, et eût-elle été plus forte, elle ne pouvait faire sur eux des conquêtes qui étendissent ses ressources.

Il a fallu, je le répète, l'imbécillité, la friponerie et la perfidie liguées ensemble, pour jetter les finances de la France dans la ruine où on les a précipitées, et d'où la force du gouvernement constitutionnel va les tirer.

Au 9 Thermidor, il y avait six milliards d'assignats en circulation ; la dépréciation était de 4 à 1 : quelle chose aisée alors que d'amortir quatre milliards des assignats en circulation, sur un milliard de biens nationaux, à ce taux de la dépréciation ! L'état était libéré, le systême de finance rajeuni, et il recommençait jusqu'à une nouvelle opération semblable, qui, après une ou deux campagnes, lui aurait encore rendu toute sa vigueur. Voyez le *projet pour retirer une grande masse d'assignats par des moyens qui multiplieront les familles aisées, les travaux, toutes les reproductions, et seront un ciment solide à la République et à l'union des citoyens.* Il a été distribué à la Convention, en nivôse, an III, il y a quinze mois, et a été répandu dans le public, par le Traducteur.

(3) 400 millions sterlings! On sait que la livre sterling vaut vingt-quatre livres de France; ainsi 400,000,000. X 24=9,600,000,000 de livres tournois, valeur fixe, que doit l'Angleterre, ou plutôt son gouvernement *Hanovrien.*

La France qui, au lieu d'emprunter, a émis son capital, n'avait encore, deux mois après le 9 Thermidor, que six milliards d'assignats en circulation : ils étaient tombés à 4 pour 1 — ; avec son esprit public, elle pouvait les retirer et les amortir sur 1500 millions de ses domaines, sans produire aucun déchirement, et sans presque faire de tort à personne.

Qu'on compare ensuite sa population et son territoire avec la population et le territoire de l'Angleterre, on trouvera que celle-ci n'étant réellement que le quart de l'autre, sa dette est proportionnellement quatre fois plus considérable. Sans aucun gage pour le capital, et n'ayant d'hypothèque, pour les intérêts, que des impôts dont la source va tarir, l'Angleterre se trouve accablée d'une dette qui est pour elle vingt-six fois plus forte que celle que la France se trouvait avoir contractée par ses assignats, à l'éqoque de Thermidor.

Les

Les manœuvres de nos ennemis pour déprécier nos assignats, et renverser nôtre systême monétaire, tournent à leur confusion. Les mandats réduiront les assignats à une somme bien moindre de 1500 millions ; et c'est à la décharge de cet Etat qu'on voulait renverser par cette manœuvre, que vient la dépréciation factice des assignats. On ne souffrira sans doute plus celle des mandats, en présence de l'application immédiate de leur gage à leur amortissement, et de l'impatience des républicains.

(4) La proportion trouvée par Thomas Payne, de l'accélération de la chûte du *funding* systême, forme une suite, ou une série de termes qui croissent dans un rapport qu'on pourrait appeller sesquialtère, et dont chaque terme étant désigné par m, celui qui le suit est $m \times \frac{m}{2}$

(5) C'est une chose vraiment ravissante que la contemplation des effets merveilleux de la nature des choses ou de ce qu'on appelle autrement les décrets de la providence.

Boyd qu'on a dit avoir été à Paris le banquier de Pitt pour payer les troubles qui, après le 10 Août, ont amené le 31 mai, Boyd a fui, et il est arrivé sauf à Londres, avec sa fortune. Pitt paraît le récompenser aussi-tôt, en mettant en vente exclusivement chez lui les annuités de ses emprunts. Cette préférence excite de grandes jalousies, opère de la fermentation : l'intérêt cependant des parties la comprime, et les nouvelles annuités que Boyd est chargé par le ministre de répandre, finiront probablement de faire sauter le gouvernement anglais, sa banque et ses trois royaumes par le même homme qu'il avoit employé contre la Convention et ses assignats.

(6) Voyez le tableau donné page 11, d'après la règle invariable de la progression des dépenses de l'Angleterre, fixée par la nature même des choses, et que T. Paine a découverte.

5,486,000,000 × 24 = 131,664,000,000 de livres tournois, valeur métallique, somme monstrueuse que l'imagination ne peut se représenter, et qu'on ne suit qu'avec peine, même la plume à la main. L'intérêt à payer annuellement pour cet énorme capital étant de 220 millions st. 220,000,000 × 24 = 5,280,000,000 de livres tournois, valeur métallique. Qu'on juge maintenant où et quand le *funding*-système de l'Angleterre doit crever dans la progression de cette charge énorme qui doit *nécessairement* l'écraser bien loin avant que seulement la cinquième partie porte sur son dos. Or, sa charge s'en approche à ce moment avec une progression accélérée, qui, chaque jour, chaque heure, chaque minute augmente sensiblement, et est toujours plus effrayante.

(7) C'est celui qui ouvre la vente des annuités : il les jette dans le public, et après avoir paru le seul prêteur, lui et ses amis qui l'aident et qui gagnent avec lui dans cette opération, ont maintenant bien la sagesse de n'en pas garder pour un scheling.

(8) 60,000,000 × 24 = 1,440,000,000 livres tournois, valeur métallique. On voit que le *funding*-système se perd aussi dans les milliards : mais il n'a pas les mêmes ressources que les *assignats*, pour se relever de la dépréciation, ou pour ne pas périr, si elle se précipite, et cela par ce qu'il n'a d'hypothèque que les brouillards de la Tamise, à moins qu'une révolution ne fasse trouver, comme en France, des BIENS NATIONAUX.

TABLE.

Page.

Le traducteur à ses concitoyens

L'auteur au peuple français

Thomas Paine au Conseil des Cinq Cents et à celui des Deux Cents Cinquante.

Paragraphe Ier. *Objet de l'auteur dans cette discussion.* 1

§. II. *Système de finances d'Angleterre, d'Amérique et de France.* 2

§. III. *Symptômes de décadence du système Anglais* (funding system). 5

§. IV. En continuation. *Symptômes de décadence du système Anglais.* 12

§, V. *Causes de la décadence du système de finance de l'Angleterre.* 17

§. VI. *Etat de la banque d'Angleterre.* 20

§. VII. *De la mort du système de finance de l'Angleterre.* 25

§. VIII. *Opérations et état actuel de la banque d'Angleterre.* 30

§. IX. *Suite et estimation des billets de banque en circulation* 37

§. X. *Conclusion.* 44

Notes du traducteur. 46

Fin de la table.

www.ingramcontent.com/pod-product-compliance
Ingram Content Group UK Ltd.
Pitfield, Milton Keynes, MK11 3LW, UK
UKHW012103240726
13965UKWH00004B/1507

9 782013 058957